Fitness für Katzen

TRAUDL & WALTER REINER

FITNESS FÜR KATZEN

WILHELM HEYNE VERLAG
MÜNCHEN

2. Auflage

Umschlaggestaltung: Norbert Härtl
Gesamtherstellung: RMO, München
Printed in Germany 1992

ISBN 3-453-05559-4

Für Muschi,
Maunzi,
Jackie
und alle
Fitness-Freunde

MENS SANA IN CORPORE SANO*

*In einem gesunden Fell
steckt eine gesunde Katze.

Felix

May Ling

Jackl

Sir Henry

Wir danken den Trainern
des Fitness-Centers sowie
Arnold Schwarzencäter für
Mitarbeit und Beratung.

Der Fitness-Katzen-Club

FITNESS-CEN

Fitness
3

Aufwärmen

Rumpfdrehen vorgebeugt

Laufen auf der Stelle

Streckübungen: Nacken rollen

Seitbeugen: Diese Bewegung streckt die unteren Rumpfmuskeln sowie die seitlichen Obliquusmuskeln.

Ausfallschritt: Übung zur Streckung der vorderen Oberschenkelmuskeln (M. quadrizeps femoris)

Rumpfbeuge bei durchgedrückten Knien

Stärkung der unteren Rückenmuskeln

Eingewöhnungsprogramm ohne Geräte

Windmühle

Für Bänder, Sehnen,
Muskeln und Gelenke

Rückenschaukel

Beim Zurückrollen einatmen, beim Vorwärtsrollen ausatmen

Standbeuge

- fördert die Durchblutung des Kopfes, also gut gegen Falten
- vermittelt neue Energie
- ist verdauungsfördernd

Berg und Tal

- gut für den Rücken
- entwickelt die Brustmuskulatur
- festigt und reduziert das Gesäß

Brücke

- dehnt und strafft die Oberschenkel, Hüften und Bauch
- beseitigt Verspannungen
- stärkt Rücken und Beine

Tiefkniebeugen

- trainiert die Knie- und Hüftgelenke
- wirkt vorbeugend gegen Krampfadern
- trainiert und massiert die Gesäß- und Hüftmuskulatur und macht eine gute Figur

1

2

Super-Trampolin

- massiert das Herz
- tonisiert das gesamte Nervensystem
- stärkt die Bauchmuskulatur und kräftigt die inneren Organe
- vermittelt ein Gefühl von Vitalität

Beinpressen als Partnerübung

Bringt die Beinstreckmuskulatur auf ein hohes Kraftniveau

Intensiv-Beuger

Übung zur Kräftigung der hinteren
Oberschenkelmuskulatur

Beinpressen-Variante

Zur Verbesserung der Kraftleistungsfähigkeit der Beinstreckmuskulatur

1

2

Katapult

Übung zur Verbesserung der Explosivkraft Ihrer Beinstreckmuskulatur

1

2

Crunches ›Bauchpressen‹

Zur Stärkung der Bauchmuskulatur

1

2

Rumpfbeuge

Zur Dehnung der hinteren Oberschenkelmuskulatur, des Gesäßes und des Rückens

1

2

Intensiv-Situps

Zur Kräftigung der schrägen
Bauchmuskulatur

1

2

Liegestütz

Kräftigung der Arm- und Schultermuskulatur

Schwimmen

Trainiert Herz, Kreislauf und Muskeln

Langhantel ›Umsetzen und Drücken‹

Entwickelt Kraft und Masse der Deltoid- bzw. Schultermuskeln, dazu Rücken und Trizeps

Hantel auf Schulterhöhe bringen, dann das Gewicht über den Kopf drücken…

…bis die Arme ganz
durchgedrückt sind!
Gewicht ruhig halten,

…ohne es nach vorn oder hinten
schwanken zu lassen…

Das Umsetzen des Gewichtes verlangt eine ausgefeilte Technik.

Twist

Übung für die seitliche
Rumpfmuskulatur

Expander-Übung

Kräftigung der Brustmuskeln ›M. pectoralis major‹ sowie von Trizeps und Deltoidmuskel

Beinanheben in Bauchlage

Trainierte Muskulatur: Glutaeus maximus, Adductor magnus, (Bein-)Bizeps, Erector spinae

Beidarmiges Rückführen einer Kurzhantel

Trainierte Muskulatur: Latissimus
Teres major, Rectus abdominis,
Pectoralis, Trizeps

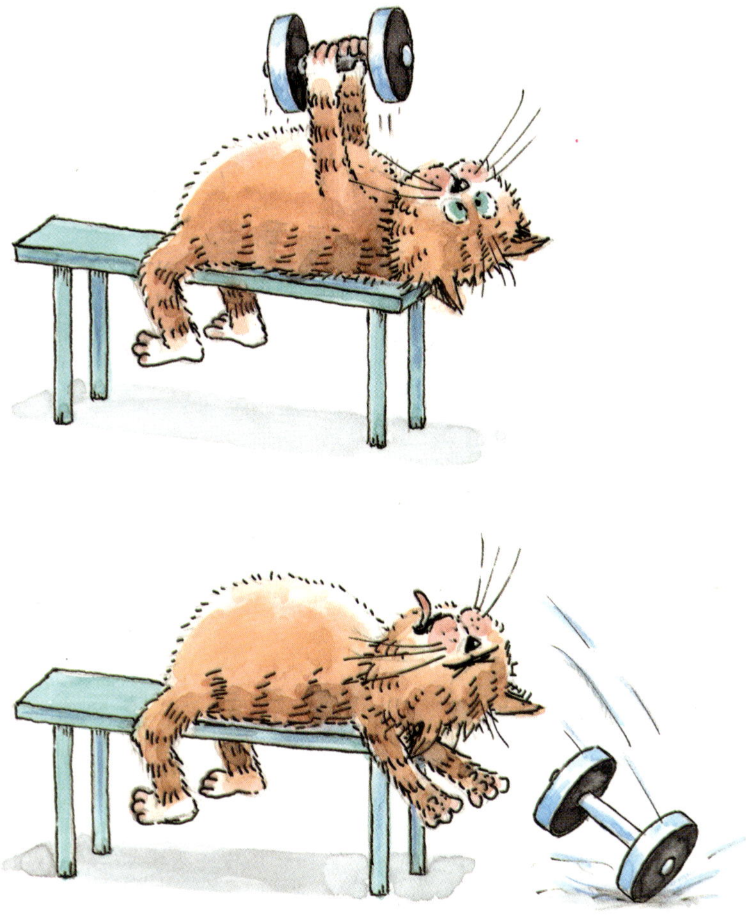

Kurzhantel-Curls

Zweck: Entwicklung der
Bizeps (m. biceps brachii),
Deltamuskel

Kurzhantel-Flys

Trainierte Muskulatur:
Pectoralis, Bizeps, Coraco-
brachialis, Deltoideus anterior

Pull up ›Hochziehen‹

Trainierte Muskulatur: Bizeps, Trizeps, Latissimus Pectoralis, Subscapularis, Deltoideus posterior

Lats ›Drücken‹

Trainierte Muskeln: Latissimus Rhomboideus major und minor, Trapezius transversalis, Pectoralis, Trizeps

Radfahren

Training für Herz, Lunge und Muskeln. Radfahren ist Kreislauf- und Krafttraining in einem!

Heim-Training für Herz + Kreislauf

Elektronikanzeige gemäß Alter und Geschlecht:
Kalorienverbrauch, Trainingszeit und -km,
Geschwindigkeit Tretrhythmus,
Pulsfrequenz mit Warnton!

Fitneß-Stepper

Elektronikanzeige von Trainingszeit,
Schrittvorgabe, Kalorienverbrauch,
Geschwindigkeit, Muskulaturbildung

Hyperextensionen ›Überstreckungen‹

Trainiert Rücken- und
Hüftmuskulatur

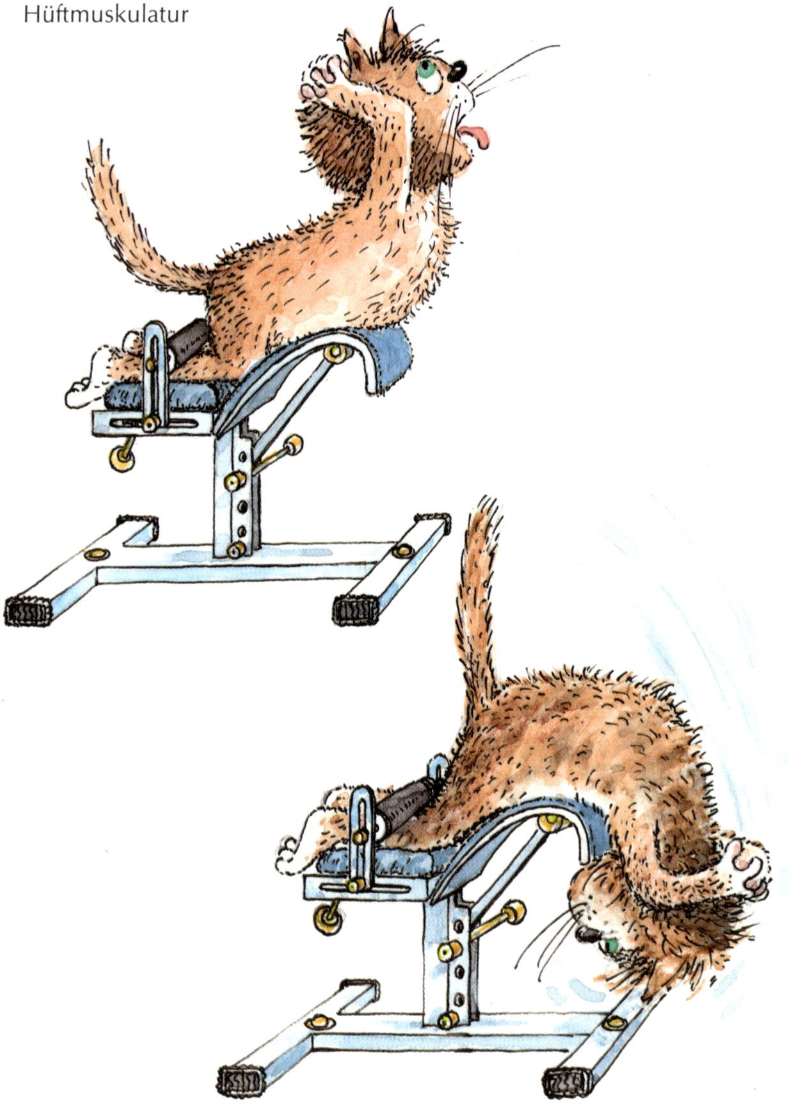

Übung an der Bm-Station

Effektives Training der Bauchmuskulatur

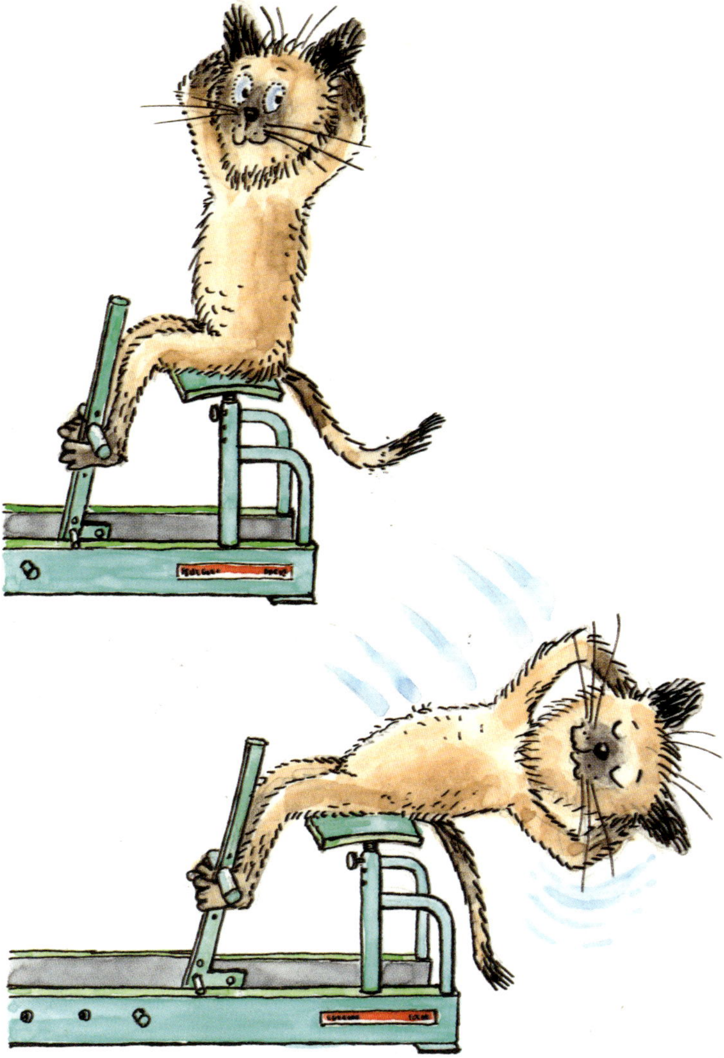

Rudergerät

Trainiert Bein-, Bauch- und Armmuskulatur.
Elektronikanzeige: Trainingszeit,
Ruderschläge, Geschwindigkeitsvorgabe

Laufbandtrainer

Band läuft gleichmäßig, ohne zu rutschen. Meßbares Herz-Kreislauftraining

Laufen

Erhöht Leistungsfähigkeit von Herz, Gehirn, Leber, Nieren, Arterien, Haut.

Lats ›ziehen‹

Übung für die Muskeln, die den Arm zum Körper ziehen

Trainierte Muskulatur:

- Bizeps
- Trizeps
- Latissimus
- Teres major
- Pectoralis
- Subscapularis
- Deltoideus posterior

Lats

›Ziehen mit breitem Griff‹

Trainierte Muskulatur:

- Latissimus
- Rhomboideus
- Trapezius transversalis
- Teres major und minor
- Pectoralis
- Trizeps
- Bizeps

Unterarmtrainer

›Speziell für Tennisspieler und Golfer‹

Kräftigt Unterarmmuskulatur und die Sehnen des Handgelenks.

›Wichtig für den Aufschlag‹

Hanteltraining

Trainiert Bauchmuskeln und großen Rückenmuskel.

Bodybuildung zur Verbesserung der Fitness

WC

Rudergerät

Ganzkörpertraining

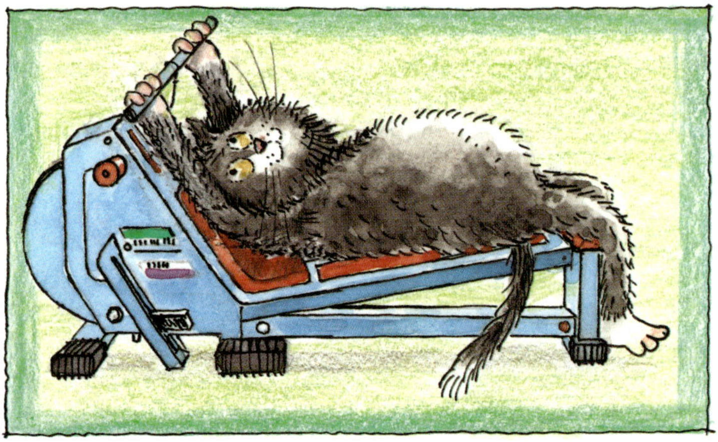

Latziehen zum Bauch

Kräftigung der seitlichen und unteren Rückenmuskulatur

Nackendrücken

Zur Stärkung der Schultermuskulatur

Flys

Trainiert Brust- und Armmuskulatur.
Arme gleichmäßig nach vorne drücken,
dann wieder auf Start-Position

Trainierte Muskulatur:
Pectoralis
Coracobrachialis
Deltoideus anterior

Beinpresse

Zur Straffung der Gesäßpartie

1

In rhythmischem Ablauf Pedale drücken,
bis die Beine gestreckt sind. Dann langsam
zurück auf Position 1 usw. Während der Anstrengung ausatmen.

2

Jazz Dance

Mit kontinuierlicher Steigerung des tänzerischen Bewegungsvermögens kann sich der Tanzende persönlich entfalten.

Durch Haltungen und Bewegungen im Rhythmus des Tanzes wird die Aktivität des Körpers besonders gefördert.

Fersenheben

Trainiert Hüft- und
Oberschenkelmuskulatur

Trainierte Muskulatur:
Serratus anterior
Trapezius
Deltoideus
Trizeps

***Sitzpresse* / Nackendrücken**
Trainiert Schulter- und
Armmuskulatur

Anheben der Beine

aus Bauchlage

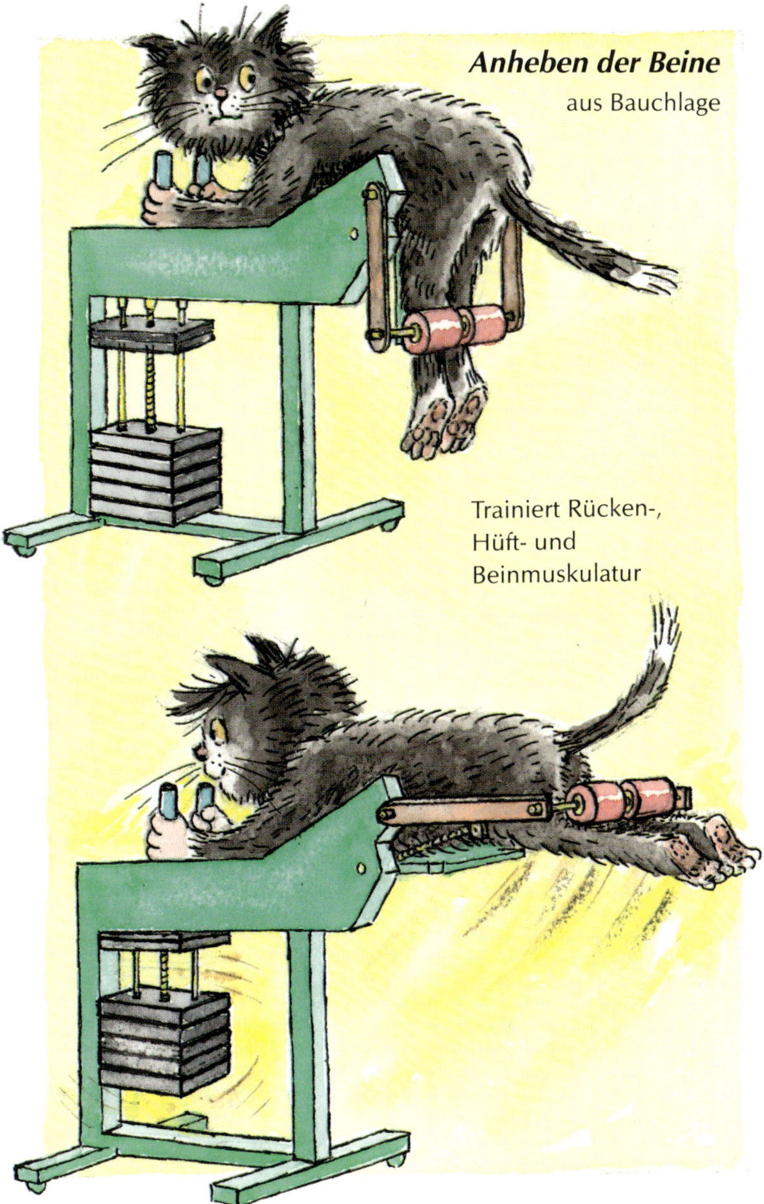

Trainiert Rücken-,
Hüft- und
Beinmuskulatur

Rückenstrecker

Trainiert Wirbelsäule,
Hüftgelenk, Bauchmuskel,
Darmbeinmuskel, Lendenmuskel

Latissimus-Maschine

Trainiert Schultergelenk, Schulterblatt, Schlüsselbeingelenk, Obergrätenmuskel, Sägemuskel, Kapuzenmuskel

Abkühlen

Der optimale Trainingsausklang: Rumpfbeugen

Quadrizeps-Streckung

Trainiert die Quadrizeps femoris = Oberschenkelmuskeln

Seitbeugen sitzend

20 nach jeder Seite

Rumpfbeugen sitzend

Kniesehnen, untere Rückenpartie und Rumpfmuskeln sind nun gelockert. Ein optimaler Trainingsabschluß!

Ausgewogene Ernährung zum Training!

Weniger fressen, mehr Training!

Wichtig: Eiweiß · Kohlehydrate · Fett.

Richtige Ernährung!
Kalorienbedarf im Verhältnis
zum Körpergewicht!

Körper-gewicht in kg	leichtes Training kcal	mittelschweres Training kcal	schweres Training kcal
6,00	195	225	300
6,5	210	240	325
7,00	225	260	350
7,5	240	280	375
8,00	260	300	400
8,5	275	315	425
9,00	290	330	450

Herausgegeben vom Verband **Ernährung für Katzen e. V.**

Doppel-Bizeps-Pose von vorne

Most Muscular Pose

Bizeps-Pose mit einer Hand
im Nacken

Seitliche Bizeps-Pose

So üben Sie Posing!

Dem Posing die gleiche Aufmerksamkeit widmen wie allen anderen Aspekten des Trainings. Für diese Übungen benötigen Sie nur einen Spiegel in Körpergröße.

Und dann einfach alles bringen!

Bauchmuskel-Pose mit erhobenen Armen

Diese Pflichtposen wurden von der IFBB (International Federation of Bodybuilders) ausgewählt.

Bauchmuskel-Pose mit Armen vorne

Body-
building
9 -
16 -

ENDE
Traudl & Walter Reiner
YOGA FÜR KATZEN
ASTROLOGIE FÜR KATZEN

Bereits erschienen

Yoga für Katzen

Ein Buch, das Sie Ihrer Katze schenken sollten! Der erste Yogakurs für Katzen.
Gebunden, laminierter Pappband, Format 15×21,5 cm
ISBN 3-453-04373-1

Auch als Taschenbuch erhältlich:
Format 12,5×18 cm
ISBN-3-453-03325-6

Astrologie für Katzen

Ein himmlischer Horoskope-Führer, der Ihnen das Wesen Ihrer Katze verständlich macht.
Taschenbuch, Format 12,5×18 cm
ISBN 3-453-04589-0

Mode für Hunde

Der wegweisende Ratgeber für den modebewußten Hund.
Taschenbuch, Format 12,5×18 cm
ISBN 3-453-04191-7

WILHELM HEYNE VERLAG MÜNCHEN